Cada Persona es Única y Especial

Everyone Is Special and Unique

Tus amigos pueden verse muy distintos a ti,
Your friends may look very different from you,

pero ellos tienen los mismos sentimientos que tú.

but they have the same feelings that you do.

3

Tacos

Salchichas

Pizza

Cada persona es única y especial, ya lo verás.
Everyone is special and unique, you will find.

Así que acepta las diferencias entre las personas y sé siempre amable.

So accept people's differences and always be kind.

x
5

Tus amigos pueden cantar muy bien o ser estrellas de fútbol,

Your friends may sing well or be a football star,

pero tú debes querer a tus amigos por quienes son.

but you should like your friends for who they are.

Cada uno de ellos es único y especial, ya lo verás.
Everyone is special and unique, you will find.

Así que acepta las diferencias entre las personas y sé siempre amable.

So accept people's differences and always be kind.

Demuestra que se entienden el uno al otro.
Show understanding for one another.

Trata a los demás con generosidad y llévate bien ¡con todos!
Treat others with kindness and get along with each other!

Cada persona es única y especial, ya lo verás.

Everyone is special and unique, you will find.

Así que acepta las diferencias entre las personas y sé siempre amable.

So accept people's differences and always be kind.

JUEGOS

PALOMITAS

Cuando surgen problemas, debemos platicar hasta arreglarlos.

When problems happen, we should talk till we agree.

14

Por dentro todos somos iguales, ¡ya lo verás!
Inside we're all alike, you will see!

Cada persona es única y especial, ya lo verás.
Así que acepta las diferencias entre las personas y sé siempre amable

Everyone is special and unique, you will find.
So accept people's differences and always be kind.